Les troubles concomitants de toxicomanie et de santé mentale

Guide d'information

W.J. Wayne Skinner, MSS, TSI; Caroline P. O'Grady, IA, MSI, Ph.D.
Christina Bartha, MSS, TSA; Carol Parker, MSS, TSA

camh

Centre for Addiction and Mental Health
Centre de toxicomanie et de santé mentale

Un Centre collaborateur de l'Organisation
panaméricaine de la Santé et de
l'Organisation mondiale de la Santé

Catalogage avant publication de Bibliothèque et Archives Canada

Les troubles concomitants de toxicomanie et de santé mentale : guide d'information /
W.J. Wayne Skinner ... [et al.].

Publ. aussi en anglais sous le titre : Concurrent substance use and mental
health disorders.
Publ. aussi en formats électroniques.

1. Toxicomanie et maladies mentales. 2. Malades mentaux—Consommation
d'alcool. 3. Malades mentaux—Usage des médicaments. 4. Polytoxicomanie.
5. Maladies mentales. I. Skinner, W. J. Wayne, 1949- II. Centre de toxicomanie
et de santé mentale

RC564.68.C6514 2011   616.86   C2011-901561-7

ISBN : 978-1-77052-607-5 (version imprimée)
ISBN : 978-1-77052-608-2 (PDF)
ISBN : 978-1-77052-609-9 (HTML)
ISBN : 978-1-77052-610-5 (EPUB)

Imprimé au Canada

Il se peut que cette publication soit disponible dans des supports de substitution. Pour tout
renseignement sur les supports de substitution, sur d'autres publications de CAMH ou pour passer
une commande, veuillez vous adresser aux Ventes et distribution :
Sans frais : 1 800 661-1111
À Toronto : 416 595-6059
Courriel : publications@camh.ca
Cyberboutique : http://store.camh.ca

Site Web : www.camh.ca/fr

Available in English under the title:
Concurrent Substance Use and Mental Health Disorders: An Information Guide

Ce guide a été réalisé par les personnes suivantes :
Élaboration : Caroline Hebblethwaite, CAMH
Correction-révision de la version anglaise : Nick Gamble, CAMH ; Kelly Coleman
Conception graphique : Nancy Leung, CAMH
Responsable de l'impression : Christine Harris, CAMH
Traduction : Michel Bérubé
Révision : Norman Liu, Evelyne Barthès-McDonald
Mise à jour de l'édition 2010 : Régine Bohar
Lecture d'épreuves : Tony Ivanoff, CAMH

3973i /06-2011 / PM040

*Remarque : Les termes de genre masculin utilisés pour désigner des personnes englobent à la fois les femmes
et les hommes. L'usage exclusif du masculin ne vise qu'à alléger le texte.*

Table des matières

Auteurs

La série de guides d'information à l'intention des clients et des familles a été créée par le Service de travail social de l'Institut psychiatrique Clarke, un des quatre organismes qui ont fusionné en 1998 pour former le Centre de toxicomanie et de santé mentale (CAMH). Depuis, ces guides sont devenus un élément important du programme de publications de CAMH.

Les troubles concomitants sont un domaine de recherche relativement nouveau. Pour en savoir davantage à ce sujet, nous avons fait appel aux connaissances de personnes ayant des expériences variées en matière de santé mentale et de toxicomanie. Nous remercions les équipes d'auteurs qui ont produit les autres guides de la série :

Christina Bartha	Alice Kusznir
Pamela Blake	Roger McIntyre
Dale Butterill	Sagar Parikh
David Clodman	Carol Parker
April Collins	Jane Paterson
Robert Cooke	Neil Rector
Donna Czuchta	Margaret Richter
Dave Denberg	Kathryn Ryan
Martin Katzman	Mary Seeman
Kate Kitchen	Cathy Thomson
Stephanie Kruger	Claudia Tindall

Le présent guide n'aurait pas vu le jour sans la collaboration du Service des publications de CAMH. Nous remercions tout particulièrement Caroline Hebblethwaite et Anita Dubey d'avoir mis leurs connaissances et leur expertise à notre disposition pour la publication du guide.

Remerciements

Les auteurs désirent rendre hommage aux clients de CAMH et à leurs familles qui, grâce à leur franchise, nous ont tant appris.

Introduction

Le présent guide s'adresse aux personnes atteintes de troubles concomitants et à leurs familles. En outre, il sera utile à toute personne qui recherche des renseignements de base sur les troubles concomitants ainsi que sur la façon de les traiter et de les gérer. Il ne s'agit pas d'un substitut aux traitements dispensés par un professionnel de la santé.

L'expression « troubles concomitants » recouvre de nombreux groupes de problèmes. Le présent guide porte sur les points qui sont communs à la plupart des troubles concomitants. D'autres guides de la série fournissent plus de détails sur divers problèmes de santé mentale (pour une liste des titres, voir page 56).

1 Que sont les troubles concomitants ?

Les personnes qui ont un problème de santé mentale risquent davantage de connaître des problèmes d'alcoolisme ou de toxicomanie, tout comme les personnes qui présentent des problèmes d'alcoolisme ou de toxicomanie risquent davantage d'avoir un problème de santé mentale. Les personnes ayant ces deux types de problèmes ont ce qu'on appelle des *troubles concomitants*.

Parmi les troubles concomitants, citons :

• le trouble anxieux et l'alcoolisme ;
• la schizophrénie et la dépendance au cannabis ;
• le trouble de la personnalité limite et la dépendance à l'héroïne ;
• la dépression et la dépendance aux somnifères.

(On peut définir la toxicomanie par les lettres ABCD : **a**bandon du contrôle sur la quantité utilisée ou la fréquence d'utilisation, état de **b**esoin, mépris des **c**onséquences néfastes et **d**ésir compulsif d'utilisation.)

Il y a de nombreux autres troubles concomitants, car il existe un grand nombre de problèmes de santé mentale et de formes de toxicomanie.

À PROPOS DES TERMES UTILISÉS

Dans le présent guide, nous utilisons les termes « problèmes d'alcoolisme et de toxicomanie » et « problèmes de santé mentale » pour décrire le large éventail de problèmes, graves et moins graves, que peuvent avoir les personnes atteintes de troubles concomitants. Nous n'utilisons les termes « troubles liés à l'alcoolisme et à la toxicomanie » et « troubles de santé mentale » que si un diagnostic précis a été posé.

Voici des synonymes de l'expression « troubles concomitants » :

• troubles jumelés ;
• double diagnostic ;
• problèmes co-occurrents de santé mentale et de toxicomanie.

En Ontario, on utilise l'expression *double diagnostic* pour décrire la présence simultanée d'un handicap intellectuel et d'un problème de santé mentale.

Les troubles concomitants sont-ils courants ?

Une vaste étude réalisée aux États-Unis par Reiger et coll. (1990) a révélé les chiffres suivants :

• 30 % des personnes chez qui on a diagnostiqué un trouble de santé mentale ont un trouble lié à l'alcoolisme ou à la toxicomanie plus tard dans la vie. Ce taux est près de deux fois supérieur au taux relevé chez les personnes n'ayant pas eu de trouble de santé mentale au cours de leur vie.

• 37 % des personnes chez qui on a diagnostiqué un trouble lié à l'alcoolisme ont un trouble de santé mentale plus tard dans la vie. Ce taux est près de deux fois celui relevé chez les personnes n'ayant pas eu de trouble lié à l'alcoolisme ou à la toxicomanie au cours de leur vie.

• 53 % des personnes chez qui on a diagnostiqué un trouble lié à la toxicomanie ont un trouble de santé mentale plus tard dans la vie. Ce taux est près de quatre fois supérieur au taux relevé chez les personnes n'ayant pas eu de trouble lié à l'alcoolisme ou à la toxicomanie au cours de leur vie.

Les associations de troubles les plus courantes sont les suivantes :

• trouble lié à l'alcoolisme ou à la toxicomanie + trouble anxieux ;
• trouble lié à l'alcoolisme ou à la toxicomanie + trouble de l'humeur.

Trouble anxieux

• Dans l'ensemble, de 10 à 25 % des gens ont un trouble anxieux au cours de leur vie.

• 24 % des personnes ayant eu un trouble anxieux ont un trouble lié à l'alcoolisme ou à la toxicomanie plus tard dans la vie.

Dépression majeure

• Dans l'ensemble, de 15 à 20 % des gens connaissent une dépression majeure au cours de leur vie.

• 27 % des personnes ayant vécu une dépression majeure ont un trouble lié à l'alcoolisme ou à la toxicomanie plus tard dans la vie.

Trouble bipolaire

• Dans l'ensemble, de 1 à 2 % des gens ont un trouble bipolaire au cours de leur vie.

• 56 % des personnes ayant eu un trouble bipolaire ont un trouble lié à l'alcoolisme ou à la toxicomanie plus tard dans la vie.

Schizophrénie

- Dans l'ensemble, 1 % des gens sont atteints de schizophrénie au cours de leur vie.
- 47 % des personnes qui ont été atteintes de schizophrénie ont un trouble lié à l'alcoolisme ou à la toxicomanie plus tard dans la vie.

Quand les troubles concomitants apparaissent-ils ?

Les problèmes de santé mentale et de toxicomanie peuvent survenir à tout moment, de l'enfance à la vieillesse. S'ils surviennent tôt et s'ils sont graves, la personne qui en est atteinte mettra sans doute plus de temps à s'en remettre ; elle devra faire plus d'efforts et aura besoin de plus de soutien. Toutefois, si le problème est diagnostiqué et traité rapidement, elle aura de meilleures chances de se remettre rapidement et complètement.

Les gens se demandent souvent ce qui survient en premier : le problème de santé mentale ou celui de la toxicomanie ? C'est difficile à dire. Dans bien des cas, il est plus utile de les considérer comme des problèmes indépendants qui ont des répercussions l'un sur l'autre.

2 Quels sont les symptômes des troubles concomitants ?

On entend par troubles concomitants toute association d'un problème de santé mentale et d'un problème d'alcoolisme ou de toxicomanie. Il n'y a pas de symptôme unique ni de groupe de symptômes communs à toutes les associations de problèmes.

Les associations de troubles concomitants peuvent être classées en cinq groupes principaux :

- alcoolisme ou toxicomanie + trouble de l'humeur et trouble anxieux (p. ex., dépression et trouble panique) ;
- alcoolisme ou toxicomanie + trouble de santé mentale grave et chronique (p. ex., schizophrénie et trouble bipolaire) ;
- alcoolisme ou toxicomanie + trouble de la personnalité (p. ex., trouble de la personnalité limite et problèmes liés à la colère, à l'impulsivité ou à l'agression) ;
- alcoolisme ou toxicomanie + trouble de l'alimentation (p. ex., anorexie nerveuse et boulimie) ;
- alcoolisme ou toxicomanie + autres troubles de santé mentale (p. ex., jeu problématique et troubles sexuels).

Pour comprendre et traiter un ensemble de problèmes donné, il faut déterminer :

- la gravité des problèmes ;
- les effets et les répercussions d'un problème sur l'autre.

Gravité des problèmes

Certaines personnes aux prises avec des troubles concomitants ont de très graves problèmes à la fois de santé mentale et d'alcoolisme ou de toxicomanie de sorte qu'elles ont de la difficulté à fonctionner au jour le jour. D'ailleurs, même lorsque les problèmes sont moins graves, ils peuvent quand même avoir une incidence importante sur la vie des personnes qui en sont atteintes.

Les traitements qui s'adressent aux personnes atteintes de troubles concomitants sont généralement dispensés de l'une ou l'autre des façons suivantes :

- par le système de soins primaires, par exemple par le médecin de famille ;
- par des organismes de santé mentale ;
- par des organismes de lutte contre la toxicomanie ;
- dans le cadre de programmes spécialisés.

Dans bien des cas, le choix du traitement dépend de la gravité des problèmes.

Graves

Problèmes d'abus d'alcool et de drogues
(problèmes de toxicomanie)

Problèmes graves d'abus d'alcool et de drogues ; problèmes de santé mentale légers ou modérés TRAITEMENT : surtout au sein du système de traitement de la toxicomanie	Problèmes graves de santé mentale et de toxicomanie TRAITEMENT : idéalement, au sein d'établissements spécialisés dans les troubles concomitants
Problèmes légers de santé mentale et de toxicomanie TRAITEMENT : dans la collectivité, dispensé par le médecin de famille	Problèmes graves de santé mentale ; toxicomanie légère ou modérée TRAITEMENT : surtout au sein du système de santé mentale

Moins graves　　Problèmes de santé mentale　　Graves

Les répercussions d'un problème sur l'autre

Les problèmes de santé mentale et la toxicomanie peuvent interagir, et ce, de plusieurs façons :

- l'alcoolisme et la toxicomanie peuvent aggraver les problèmes de santé mentale ;
- l'alcoolisme et la toxicomanie peuvent mimer ou masquer les symptômes d'un problème de santé mentale ;

- certaines personnes consomment de l'alcool ou de la drogue pour « soulager » ou oublier les symptômes de problèmes de santé mentale ;
- l'alcool et la drogue peuvent réduire l'efficacité des médicaments que prennent les personnes ayant des problèmes de santé mentale ;
- les personnes qui consomment de l'alcool ou de la drogue peuvent oublier de prendre leurs médicaments, ce qui peut faire réapparaître les problèmes de santé mentale (rechute) ou aggraver ces problèmes ;
- si l'un des problèmes réapparaît, il peut faire resurgir les symptômes de l'autre problème.

Dans bien des cas, les personnes ayant des troubles concomitants risquent d'avoir des problèmes médicaux, sociaux et affectifs plus graves que si elles étaient atteintes d'un seul trouble. Le traitement peut être plus long et plus difficile.

3 Quelles sont les causes des troubles concomitants ?

Il n'y a pas de cause simple dans les cas de troubles concomitants. Chaque personne qui en est atteinte vit une situation qui lui est propre. Voici des raisons qui pourraient expliquer pourquoi une personne présente un problème de santé mentale jumelé à un problème d'alcoolisme ou de toxicomanie :

- Certaines personnes qui ont un problème de santé mentale consomment de l'alcool ou de la drogue pour se sentir mieux bien que cela soit très dangereux, car ces substances peuvent aider ces personnes à oublier leurs problèmes ou à en soulager les symptômes, du moins à court terme. Certaines personnes considèrent la consommation d'alcool et de drogue comme une forme d'« automédication ».
- La consommation d'alcool et de drogue peut avoir des effets semblables aux symptômes d'un problème de santé mentale comme la dépression, l'angoisse, l'impulsivité ou les hallucinations. On parle alors de problèmes de santé mentale causés par la consommation d'alcool ou de drogue.
- L'alcool et les drogues peuvent causer des changements négatifs dans la vie et les relations des personnes qui en consomment. Ils peuvent par exemple provoquer la perte d'un emploi. Ces effets indirects de la consommation d'alcool et de drogues peuvent entraîner des problèmes de santé mentale.

- Pour certains, un même facteur peut causer à la fois des problèmes de santé mentale et des problèmes d'alcoolisme ou de toxicomanie. Il peut s'agir d'un facteur biologique ou d'un événement comme un traumatisme affectif ou physique.

Pour les personnes dont la santé mentale est fragile, une consommation même modérée d'alcool ou de drogue peut causer des problèmes.

4 Comment traite-t-on les troubles concomitants ?

Dans bien des cas, les personnes ayant des troubles concomitants doivent se rendre à un organisme distinct pour recevoir un traitement pour leurs troubles mentaux et à un autre organisme pour recevoir un traitement pour leur problème d'alcoolisme ou de toxicomanie. Et parfois, ces services ne sont pas coordonnés.

Or, il y a souvent des liens entre les problèmes de santé mentale et l'alcoolisme ou la toxicomanie, et ces problèmes influent l'un sur l'autre. Les chances de réussite sont donc meilleures lorsque le traitement de ces deux types de problèmes a lieu en même temps et de façon coordonnée. Le traitement dépend généralement de la nature et de la gravité des problèmes. Il peut être psychosocial (thérapie individuelle ou de groupe) ou somatique (médicaments) ou, dans bien des cas, une combinaison de ces deux méthodes.

Toutefois, bien que le plan de traitement doive tenir compte à la fois des problèmes de santé mentale et des problèmes entraînés par l'alcoolisme ou la toxicomanie, il est parfois préférable de traiter un de ces problèmes avant l'autre. Par exemple, il est probable que les personnes ayant à la fois un trouble de l'humeur et un trouble lié à la consommation d'alcool se rétabliront mieux si on traite d'abord le trouble lié à la consommation d'alcool.

En revanche, une personne qui reçoit un traitement contre des troubles concomitants peut vivre un épisode qui aggrave son problème de santé mentale. Dans ce cas, le traitement pourrait être axé sur son problème de santé mentale plutôt que sur sa toxicomanie.

Où le traitement est-il dispensé ?

La plupart des personnes atteintes de troubles concomitants ont des problèmes légers à modérés qui peuvent être traités dans la collectivité, par leur médecin de famille, par exemple. Les personnes aux prises avec de graves problèmes peuvent avoir besoin de soins spécialisés.

Qu'est-ce que le traitement intégré ?

Les clients qui ont à la fois de graves problèmes de santé mentale et une toxicomanie grave peuvent avoir besoin d'un *traitement intégré*. Ce type de traitement permet de s'assurer que les clients reçoivent tous les traitements dont ils ont besoin, et ce, de façon efficace et coordonnée. De plus, il permet aux clients de recevoir non seulement des traitements pour les troubles concomitants, mais aussi de l'aide pour d'autres aspects de leur vie comme le logement et l'emploi. Ce soutien permanent les aide à :

• maintenir les bons résultats des traitements ;
• prévenir les rechutes ;
• satisfaire leurs besoins fondamentaux.

Le traitement intégré donne de meilleurs résultats si le client a établi depuis longtemps une relation stable avec un *gestionnaire de cas* en qui il a confiance. Cette personne est un professionnel de la santé (p. ex., agent chargé du dossier ou thérapeute). Il est à noter que si une seule personne supervise le traitement du client, ce dernier peut tout de même bénéficier de l'appui d'une équipe de professionnels : psychiatres, travailleurs sociaux et des thérapeutes en toxicomanie, par exemple.

Si les services de traitement ne sont pas tous dispensés au même endroit, les responsables de divers programmes peuvent collaborer pour coordonner les traitements. Ainsi, le thérapeute en toxicomanie peut poser des questions à ses nouveaux clients pour déterminer s'ils ont également des problèmes de santé mentale. Si tel est le cas, il peut :

• soit traiter les problèmes de santé mentale ;
• soit diriger ses clients vers un organisme de santé mentale et collaborer avec cet organisme. Les thérapeutes des deux organismes se consulteront alors régulièrement pour suivre les progrès réalisés par leurs clients.

Objectifs de traitement

Auparavant, les approches et les méthodes de traitement de l'alcoolisme et de la toxicomanie d'une part, et des problèmes de santé mentale d'autre part, étaient différentes, ce qui a pu créer une certaine confusion dans l'esprit des clients qui recevaient des traitements dans le cadre de ces deux systèmes. Par exemple :

• Un grand nombre de services de traitement de la toxicomanie partent du principe que la *réduction* de la consommation d'alcool ou de drogue est un objectif réaliste pour les clients au début du traitement. C'est ce qu'on appelle la *réduction des méfaits*. À mesure que le client poursuit son traitement, l'*abstinence*, c'est-à-dire l'arrêt complet de la consommation d'alcool et de drogue, peut devenir son objectif à long terme. Toutefois, certains responsables de programmes de santé mentale demandent à leurs clients d'arrêter complètement de consommer de l'alcool ou de la drogue avant de commencer leur traitement.

• Un grand nombre de problèmes de santé mentale peuvent être traités par des médicaments. Toutefois, dans le cadre de certains programmes de traitement de la toxicomanie, on tente d'aider le client à arrêter de prendre de la drogue et des médicaments, y compris ceux servant à traiter les problèmes de santé mentale.

Heureusement, les prestataires de nombreux programmes de santé mentale et de traitement de l'alcoolisme et de la toxicomanie travaillent maintenant en plus étroite collaboration de sorte que les clients remarqueront moins de différences du type de celles décrites ci-haut.

Le but ultime du traitement est d'amener les clients à :

• déterminer ce que représente pour eux un avenir prometteur ;
• trouver des moyens de mener une vie saine.

Le plan de traitement doit être adapté aux besoins particuliers de chaque client. Il doit faire appel aux démarches les plus appropriées en matière de problèmes de santé mentale et de toxicomanie.

Types de traitements

Le traitement des troubles concomitants peut être de nature psychosociale ou faire appel à des médicaments. Les clients peuvent recevoir l'une ou l'autre de ces formes de traitement ou les deux.

TRAITEMENTS PSYCHOSOCIAUX

Les *traitements psychosociaux* sont un élément important du traitement des troubles concomitants. Ils comprennent :

- la psychoéducation ;
- la psychothérapie (counseling, thérapie individuelle et de groupe) ;
- la thérapie familiale ;
- le soutien par les pairs.

Psychoéducation

On entend par *psychoéducation* la sensibilisation aux questions de santé mentale et de toxicomanie. Les personnes qui connaissent leurs problèmes sont mieux en mesure de faire des choix éclairés. Ces connaissances peuvent aider les clients et leur famille à :

- faire face à leurs problèmes ;
- déterminer ce qu'il faut faire pour les éviter ;
- élaborer un plan visant à faciliter le rétablissement.

Tous les clients devraient bénéficier de services de psychoéducation lorsqu'ils commencent un traitement pour troubles concomitants. Toutefois, ils bénéficieront sans doute davantage de ces services à mesure qu'ils se rétabliront. La psychoéducation peut suffire à traiter les personnes ayant des problèmes légers.

Lors des séances de psychoéducation, les participants discutent :

- des causes des problèmes de santé mentale et de la toxicomanie ;
- de la façon dont ces problèmes pourraient être traités ;
- de la façon de gérer eux-mêmes leurs problèmes (si possible) ;
- des mesures qu'ils pourraient prendre pour éviter d'autres épisodes.

Psychothérapie

La psychothérapie, qu'on appelle parfois « dialogue psychothérapeutique », aide les clients à surmonter leurs problèmes en les amenant à examiner la façon dont ils :

• pensent ;
• agissent ;
• se comportent avec leur entourage.

Il existe de nombreux types de psychothérapie, certaines mieux adaptées que d'autres à des problèmes particuliers. En outre, la psychothérapie peut être de courte ou de longue durée.

La *thérapie de courte durée* a une structure qui lui est propre et elle met l'accent sur des points précis. Le thérapeute joue un rôle actif et dirige le processus. En général, ce type de traitement ne prend pas plus de 10 à 20 séances.

Lors d'une *thérapie de longue durée*, le thérapeute joue généralement un rôle moins actif et le processus est moins structuré. Dans la plupart des cas, le traitement dure au moins un an. Cette thérapie a pour but d'aider le client à explorer en profondeur ses problèmes psychologiques.

Pour que la thérapie soit réussie, il faut que le client établisse une relation de confiance avec un thérapeute qui le soutient et qui le met à l'aise. Ce thérapeute peut être :

• un médecin ;
• un travailleur social ;
• un psychologue ;
• un autre professionnel.

Lors de leur formation, les thérapeutes se familiarisent avec divers types de psychothérapies. Ils peuvent travailler dans des hôpitaux, des cliniques ou des cabinets privés.

THÉRAPIE COGNITIVO-COMPORTEMENTALE

La thérapie cognitivo-comportementale (TCC) est un type de psychothérapie de courte durée. Elle est efficace pour traiter un vaste éventail de troubles concomitants.

Les personnes qui suivent une TCC examinent la façon dont leurs croyances ou leurs pensées affectent leur perception d'elles-mêmes et du monde. Certaines pensées enracinées exercent une influence considérable sur l'humeur et le comportement. Par exemple, si une personne déprimée qui a un problème d'alcoolisme croit qu'aucun traitement ne peut l'aider, il est peu probable qu'elle recherche un traitement. La TCC aide les clients à repérer et à modifier ces pensées et leur enseigne de nouvelles stratégies qui les aideront au quotidien.

THÉRAPIE COMPORTEMENTALE DIALECTIQUE

La thérapie comportementale dialectique (TCD) est un type de thérapie cognitivo-comportementale utilisé pour traiter un éventail de problèmes de comportement. La TCD repose sur des techniques occidentales cognitivo-comportementales et sur les préceptes orientaux du Zen. Elle apprend aux clients à :

• être davantage conscients de leurs pensées et de leurs actions ;
• tolérer la détresse ;
• maîtriser leurs émotions ;
• améliorer leurs liens avec autrui.

THÉRAPIES PSYCHODYNAMIQUES OU THÉRAPIES
PAR LA COMPRÉHENSION DE SOI

Habituellement, les thérapies psychodynamiques ou thérapies par la compréhension de soi sont de longue durée et moins structurées.

Elles atténuent la détresse en aidant les clients à comprendre ce qui motive leur comportement.

THÉRAPIES INTERPERSONNELLES

Les thérapies interpersonnelles aident les clients à mieux communiquer et interagir avec d'autres personnes. En outre, elles aident les clients à :

• examiner leurs interactions avec autrui ;
• déterminer les enjeux et les problèmes au cœur de leurs relations ;
• trouver des moyens de modifier ces relations.

La *thérapie interpersonnelle de groupe* met l'accent sur les interactions entre les membres d'un groupe.

THÉRAPIE DE GROUPE

La thérapie de groupe peut être bénéfique pour les personnes atteintes de troubles concomitants. Il existe plusieurs formes de thérapie de groupe :

• thérapie cognitivo-comportementale ;
• thérapie interpersonnelle ;
• psychoéducation.

Un groupe est un milieu qui met les clients à l'aise pour parler de questions telles que les relations familiales, les effets secondaires des médicaments et les rechutes.

Thérapie familiale

La famille a la possibilité de participer au traitement d'un client. Le soutien des membres de la famille peut être bénéfique pour les personnes aux prises avec des troubles concomitants. Par ailleurs, les membres de la famille peuvent eux aussi suivre une thérapie. La thérapie familiale peut être salutaire pour diverses raisons :

• les membres de la famille peuvent se renseigner sur les problèmes de santé mentale et la toxicomanie ;
• ils peuvent se faire soigner eux-mêmes en tant que clients.

Ce type de thérapie peut fournir à la famille :

• des renseignements sur les troubles concomitants ;
• des conseils et un soutien.

Le thérapeute travaille habituellement avec une seule famille à la fois. Parfois, des séances de thérapie familiale sont offertes en groupe à plusieurs familles qui vivent des situations semblables. Les membres du groupe peuvent alors faire part de leurs sentiments et de leurs expériences à d'autres familles qui les comprennent et les soutiennent.

Groupes d'entraide formés de pairs

Les groupes d'entraide formés de pairs peuvent jouer un rôle important dans le traitement. Ces groupes sont formés de personnes ayant toutes des troubles concomitants. Elles s'acceptent et se comprennent et peuvent parler de leurs difficultés dans un milieu sécuritaire où elles se sentent appuyées. Généralement, les membres d'un groupe établissent des liens étroits entre eux. Les personnes chez lesquelles on vient de diagnostiquer des troubles concomitants peuvent bénéficier des expériences vécues par les autres membres du groupe.

Il existe des groupes d'entraide formés de pairs pour les clients et pour les familles. Parmi les groupes s'adressant aux clients, citons les groupes *Double Trouble* et *Dual Recovery Anonymous*. La *Family Association for Mental Health Everywhere* (FAME) organise des groupes pour les familles. Pour de plus amples renseignements, voir page 52.

TRAITEMENTS SOMATIQUES

Médicaments servant à traiter les problèmes de santé mentale

Les renseignements contenus dans cette partie sont le résumé du contenu d'une collection de livrets publiée par CAMH et intitulée *Comprendre les médicaments psychotropes*. Ces livrets sont conçus pour aider à faire des choix au sujet de ces médicaments. Chaque livret décrit les utilisations, les noms et les types de médicaments ainsi que leurs effets et leur rôle dans le traitement des problèmes de santé mentale. On peut télécharger ces livrets à www.camh.net/fr.

ANTIDÉPRESSEURS

Les *antidépresseurs* sont utilisés pour traiter la dépression. Certains permettent également de traiter les troubles anxieux. Il existe plusieurs classes d'antidépresseurs avec de nombreux médicaments dans chaque classe. De façon générale, tous les antidépresseurs sont efficaces, mais aucun médicament ou type de médicament n'est efficace exactement dans la même mesure chez tous ceux qui le prennent. C'est ainsi que certaines personnes pourraient se voir conseiller d'essayer un autre type d'antidépresseur ou de prendre plusieurs antidépresseurs en même temps.

Les différents types d'antidépresseurs sont énumérés ci-dessous par ordre décroissant d'utilisation.

Inhibiteurs sélectifs du recaptage de la sérotonine (ISRS)

Ce groupe de médicaments, qui comprend la fluoxétine (Prozac), la paroxétine (Paxil), la fluvoxamine (Luvox), le citalopram (Celexa), l'escitalopram (Cipralex) et la sertraline (Zoloft), est généralement celui auquel on a d'abord recours pour traiter la dépression et l'anxiété. Les effets secondaires de ces médicaments sont moins prononcés que ceux d'autres antidépresseurs. On a constaté que la buspirone (Buspar), qui est semblable aux ISRS, soulage l'anxiété, mais non la dépression.

Inhibiteurs du recaptage de la sérotonine et de la noradrénaline (IRSN)

Cette catégorie de médicaments, qui comprend la venlafaxine (Effexor), la duloxétine (Cymbalta) et la desvenlafaxine (Pristiq), sert à traiter la dépression, l'anxiété et la douleur chronique.

Inhibiteurs du recaptage de la noradrénaline et de la dopamine (IRND)

Cette classe est constituée du bupropion (Wellbutrin, Zyban). En raison de ses effets énergisants, le bupropion est souvent administré avec d'autres médicaments pour traiter la dépression. On l'utilise également pour traiter le trouble d'hyperactivité avec déficit de l'attention et pour aider les fumeurs à abandonner le tabac.

Antidépresseurs noradrénergiques et sérotoninergiques spécifiques (ANSS)

Cette classe est constituée de la mirtazapine (Remeron). Comme il s'agit de l'antidépresseur le plus sédatif, on le prescrit aux personnes qui souffrent d'insomnie ou qui sont très anxieuses. En outre, ce médicament stimule l'appétit.

Antidépresseurs cycliques

Ce groupe de médicaments, qui sont plus anciens, comprend l'amitriptyline (Elavil), la maprotiline (Ludiomil), l'imipramine (Tofranil), la désipramine (Norpramin), la nortriptyline (Novo-Nortriptyline) et la clomipramine (Anafranil).

Comme la plupart de ces médicaments ont davantage d'effets secondaires que les médicaments plus récents, ils ne sont généralement pas le premier choix de traitement. Toutefois, on peut y avoir recours lorsque d'autres médicaments ne soulagent pas la dépression grave.

Inhibiteurs de la monoamine-oxydase (IMAO)

Les IMAO, comme la phénelzine (Nardil) et la tranylcypromine (Parnate), sont les plus anciens antidépresseurs. Bien qu'ils soient efficaces, on les prescrit rarement parce que les personnes qui les prennent doivent suivre un régime spécial.

Un nouvel inhibiteur de la monoamine-oxydase, le moclobémide (Manerix), ne nécessite pas de régime spécial. Toutefois, il se pourrait qu'il ne soit pas aussi efficace que les autres IMAO.

ANXIOLYTIQUES

Les *anxiolytiques* sont utilisés pour traiter l'anxiété. Les benzodiazépines sont un type d'anxiolytiques. On les utilise parfois pour traiter l'insomnie. De nombreux types de benzodiazépines sont offerts au Canada. Elles agissent toutes de la même façon, mais l'intensité et la durée de leurs effets varient.

Le *clonazépam* (Rivotril), l'alprazolam (Xanax) et le lorazépam (Ativan) sont les benzodiazépines les plus prescrites. On utilise également le bromazépam (Lectopam), l'oxazépam (Serax), le chlordiazépoxide (connu autrefois sous le nom de Librium), le clorazépate (Tranxene) et le diazépam (Valium).

Parmi les benzodiazépines utilisées pour traiter l'insomnie, citons le lorazépam (Ativan), le nitrazépam (Mogadon), l'oxazépam (Serax), le témazépam (Restoril), le triazolam (Halcion) et le flurazépam (Dalmane).

On utilise également la zopiclone (Imovane) pour traiter l'insomnie. Ce médicament est semblable aux benzodiazépines, notamment en ce qui concerne ses effets secondaires. Le risque d'abus de la zopiclone est moins élevé que celui de certaines benzodiazépines, mais il est tout de même possible d'en devenir dépendant.

PSYCHORÉGULATEURS

Les *psychorégulateurs* sont utilisés pour réduire les sautes d'humeur et pour prévenir les épisodes maniaco-dépressifs. Le lithium est le psychorégulateur utilisé depuis le plus longtemps. C'est aussi celui qui a été le plus étudié. Le lithium est un élément simple qui fait partie de la même famille que le sodium (sel de table). Un grand nombre de médicaments mis au point pour atténuer les convulsions et traiter l'épilepsie ont aussi des effets psychorégulateurs, notamment la carbamazépine (Tegretol), le divalproex (Epival) et la lamotrigine (Lamictal). La gabapentine (Neurontin) et le topiramate (Topamax) sont aussi des anticonvulsivants pouvant avoir des effets psychorégulateurs mais, en général, on les administre uniquement avec d'autres médicaments.

Dans certains cas, on prescrit plus d'un type de psychorégulateur.

ANTIPSYCHOTIQUES

Les *antipsychotiques* sont utilisés pour traiter la psychose. Les idées délirantes et les hallucinations sont des symptômes de psychose. En général, les antipsychotiques sont classés dans deux catégories : les antipsychotiques de première génération (*typiques*) et ceux de deuxième génération (*atypiques*). Dans l'ensemble, les deux catégories de médicaments sont tout aussi efficaces l'une que l'autre. Cela dit, aucun médicament ni type de médicament n'a les mêmes effets sur toutes les personnes qui les prennent.

Dans bien des cas, on prescrit à la fois des antipsychotiques et d'autres médicaments afin de traiter d'autres symptômes de la maladie mentale ou d'atténuer les effets secondaires.

En général, on prescrit des antipsychotiques de deuxième génération aux personnes qui doivent prendre ces médicaments pendant longtemps.

Antipsychotiques de deuxième génération (atypiques)
Parmi les médicaments de cette catégorie, citons la rispéridone
(Risperdal), la quétiapine (Seroquel), l'olanzapine (Zyprexa), la
ziprasidone (Zeldox), la palipéridone (Invega), l'aripiprazole (Abilify) et
la clozapine (Clozaril). La clozapine se distingue des autres antipsychotiques car, dans bien des cas, elle fait effet lorsque d'autres médicaments s'avèrent inefficaces. Toutefois, comme il faut surveiller le bilan
de globules blancs des personnes qui en prennent, ce n'est pas le
médicament privilégié pour le traitement.

Antipsychotiques de première génération (typiques)
Ces médicaments, qui sont plus anciens, comprennent la chlorproma-
zine (connue autrefois sous le nom de Largactil), le flupenthixol
(Fluanxol), la fluphénazine (Modecate), l'halopéridol (Haldol), la
loxapine (Loxapac), la perphénazine (Trilafon), le pimozide (Orap), la
trifluopérazine (Stelazine), le thiothixène (Navane) et le zuclopenthixol
(Clopixol).

Médicaments utilisés pour traiter la toxicomanie

Les médicaments peuvent également être utilisés pour traiter la
toxicomanie. Certains sont administrés pendant une courte durée
et d'autres, pendant une longue période.

Il existe trois types principaux de médicaments contre la toxicomanie :

• les médicaments aversifs ;
• les médicaments qui atténuent les états de besoin ;
• les médicaments de substitution.

MÉDICAMENTS AVERSIFS

Les personnes qui prennent des *médicaments aversifs* éprouvent des
effets désagréables si elles continuent de consommer de l'alcool ou
de la drogue. Le disulfirame (Antabuse) est un médicament aversif
utilisé pour traiter l'alcoolisme.

MÉDICAMENTS QUI ATTÉNUENT LES ÉTATS DE BESOIN

Certains médicaments modifient la réaction chimique du cerveau aux drogues. Ils bloquent les effets agréables d'une drogue ou atténuent les états de besoin. Voici des exemples de médicaments qui atténuent les états de besoin :

- la naltrexone (ReVia), employé pour traiter la dépendance à l'alcool ou aux opioïdes ;
- le bupropion (Wellbutrin, Zyban), employé pour traiter la dépendance à la nicotine.

MÉDICAMENTS DE SUBSTITUTION

Les *médicaments de substitution* atténuent ou préviennent les symptômes de sevrage. Ils peuvent également atténuer ou éliminer les états de besoin. Lorsqu'ils s'accompagnent d'un soutien médical et social, ces médicaments aident les clients à mettre fin à un style de vie axé sur la consommation d'alcool ou de drogue. La méthadone, qui est utilisée pour traiter la dépendance aux opioïdes comme l'héroïne, est le médicament de substitution le plus courant.

Observance thérapeutique et effets secondaires

Un médicament peut avoir des effets secondaires préoccupants. Un grand nombre de ces effets s'estompent avec le temps. Si vous éprouvez des effets secondaires graves, parlez-en à votre médecin. Il pourra modifier la dose ou prescrire d'autres médicaments permettant de réduire, voire d'éliminer ces effets secondaires. N'oubliez pas que l'alcool et les drogues peuvent inhiber les effets positifs des médicaments.

Votre médecin surveillera la manière dont vous prenez votre médicament. Il vérifiera peut-être aussi votre taux sanguin de médicament pour s'assurer que la dose est adéquate. Votre médecin pourrait également examiner les effets du médicament sur certains organes.

Lorsque des précautions adéquates sont prises, les risques de complications graves attribuables aux médicaments sont généralement inférieurs aux risques que court une personne qui a des problèmes de santé mentale ou une toxicomanie non traités.

Situations de traitement particulières

Les clients en voie de rétablissement peuvent avoir besoin d'interventions particulières telles que :

• la gestion du sevrage ;
• la gestion des crises ;
• la prévention de la rechute ;
• l'hospitalisation.

GESTION DU SEVRAGE

Certains clients ont besoin d'aide à court terme pour vaincre l'alcoolisme ou la toxicomanie. La *gestion du sevrage* les aide à gérer les symptômes qu'ils éprouvent lorsqu'ils arrêtent de consommer de l'alcool ou de la drogue et à se préparer à suivre un traitement de longue durée. De plus, elle permet aux clients de prendre connaissance des options de traitement qui s'offrent à eux.

Il y a trois types de gestion du sevrage :

• gestion du sevrage hors hôpital – le client peut gérer lui-même son sevrage à domicile avec l'aide de professionnels de la santé ;
• gestion du sevrage dans un centre – le client reçoit des soins plus intensifs et est supervisé de près ;
• prise en charge du sevrage – si le client éprouve des symptômes de sevrage plus graves – convulsions ou hallucinations, par exemple –

il pourrait avoir besoin de la supervision d'un médecin ou d'une infirmière. Ces services peuvent nécessiter une hospitalisation ou être dispensés en clinique externe. Des médicaments peuvent être prescrits au client pour remplacer la drogue ou soulager les symptômes.

GESTION DES CRISES

Il peut arriver qu'une personne atteinte de troubles concomitants soit en crise. Par exemple, il peut y avoir un danger qu'elle se fasse du mal ou qu'elle blesse quelqu'un d'autre.

Il peut être très difficile pour les membres de sa famille de réagir de façon efficace à une crise soudaine. Il est utile de prévoir des stratégies d'urgence lorsque la personne se sent bien afin que tout le monde sache comment réagir lors d'une crise éventuelle.

Selon la situation, la crise peut être gérée à la maison avec l'aide des membres de la famille, de pairs et de professionnels, mais il peut parfois arriver que la crise nécessite l'hospitalisation de la personne.

Une fois la crise terminée, il faudra peut-être modifier le traitement de la personne. Si elle avait terminé son traitement, il lui faudra peut-être le reprendre.

PRÉVENTION DE LA RECHUTE

Dans les cas les plus graves, les problèmes de santé mentale et de toxicomanie sont chroniques et récurrents. Cela signifie que, même après qu'une personne a été traitée, les problèmes peuvent se manifester de nouveau, c'est-à-dire que la personne peut avoir une *rechute*.

La rechute fait partie du processus de rétablissement. Cela ne signifie pas qu'il faut mettre fin au traitement. Si la personne prend des médicaments pour un problème de santé mentale, elle doit continuer à les prendre.

Il est important de reconnaître la rechute et d'en discuter. La rechute peut être une occasion d'apprendre, de revoir le plan de traitement et de renouveler le plan d'action.

Les personnes qui connaissent de nouveau des problèmes de santé mentale ou qui se remettent à boire ou à prendre de la drogue n'ont pas nécessairement besoin de soins médicaux intensifs. La rechute peut être traitée par une thérapie individuelle ou de groupe.

HOSPITALISATION

En cas de crise grave ou d'une rechute, il peut être nécessaire d'hospitaliser le client, par exemple lorsqu'il peut y avoir des conséquences graves découlant des situations suivantes :

• le client se comporte de façon agressive ;
• il agit de façon dangereuse ;
• il a fait une surdose ;
• il s'est fait du mal intentionnellement ou il a un comportement suicidaire ;
• il ne subvient pas à ses besoins fondamentaux.

Dans de tels cas, le client peut être hospitalisé pendant quelques jours ou quelques semaines. À l'hôpital, il suivra peut-être quotidiennement une thérapie individuelle ou de groupe. Le client peut s'attendre à quitter l'hôpital après que :

• des mesures auront été mises en place pour la poursuite des soins

à domicile ;
- ses symptômes se seront estompés ;
- il ne présentera plus de danger pour lui-même et pourra prendre soin de lui à la maison.

Admissions en cure volontaire et admissions en cure obligatoire

En général, une personne se rend à l'hôpital *de son propre gré* (admission en cure volontaire). Cela signifie :

- qu'elle accepte d'être hospitalisée ;
- qu'elle peut quitter l'hôpital en tout temps.

Toutefois, dans la plupart des provinces et territoires, la loi autorise les médecins à hospitaliser une personne *contre son gré* (admission en cure obligatoire). Cela signifie que cette personne n'estime pas avoir besoin d'aide et ne veut pas être hospitalisée. Le médecin peut admettre une personne en cure obligatoire s'il croit que celle-ci court un risque élevé :

- de se faire du mal ;
- de blesser quelqu'un d'autre.

Chaque province et territoire a prévu un processus régissant les admissions en cure obligatoire. Par exemple, en Ontario, si la personne n'a pas de médecin, sa famille peut demander à un juge de paix d'ordonner qu'un médecin effectue un examen au cours duquel il déterminera si cette personne doit être évaluée par le service psychiatrique d'un hôpital. Le médecin doit prouver que la personne risque de se faire du mal ou de blesser quelqu'un d'autre à cause de sa maladie.

La loi protège les droits des personnes admises à l'hôpital contre leur gré. Par exemple, un conseiller en matière de droits rendra visite à la personne et veillera à ce qu'elle puisse en appeler de son admission en cure obligatoire devant un comité indépendant formé d'avocats, de médecins et de non-spécialistes.

Il faut parfois demander l'aide de la police pour amener quelqu'un à l'hôpital. Or, il peut être très difficile pour les membres de la famille de prendre cette décision. Dans bien des cas, ils se sentent coupables d'appeler la police, même s'ils ont besoin d'aide pour protéger la vie de la personne qui leur est chère. Il ne faut pas oublier que lorsqu'une personne menace de se suicider, c'est généralement une façon de demander de l'aide. Les pensées suicidaires sont souvent temporaires, mais il faut les prendre au sérieux et assurer la sécurité de la personne.

5 Rétablissement et prévention de la rechute

Certaines personnes atteintes de troubles concomitants ont l'impression d'avoir trop de problèmes. Elles sont portées à croire que ces problèmes sont trop difficiles à surmonter, qu'elles ne seront jamais plus heureuses et qu'elles ne sont plus capables de faire tout ce qu'elles faisaient auparavant.

Il est normal d'éprouver de tels sentiments. Cela dit, en suivant un traitement, en bénéficiant d'un soutien et en faisant des efforts, les personnes atteintes de troubles concomitants peuvent vivre une vie qui ait un sens et qui soit gratifiante.

Une des premières étapes du rétablissement consiste à fixer des objectifs et des priorités appropriés. Cela se produit généralement pendant le traitement, mais le rétablissement peut avoir lieu sans l'aide de professionnels.

Les membres de la famille jouent aussi un rôle important dans le rétablissement d'une personne. Il peut être bénéfique de parler de ses projets et préoccupations avec les membres de sa famille, car ils peuvent fournir soutien et conseils.

Que veut dire « être en voie de rétablissement » ?

Chacun perçoit le rétablissement de façon différente. Les objectifs clés du traitement sont les suivants :

- gérer les symptômes du problème de santé mentale ;
- réduire la consommation d'alcool et de drogue ou y mettre fin ;
- réduire le risque de rechute ;
- améliorer sa vie professionnelle et les relations avec autrui.

Beaucoup de personnes utilisent ces objectifs comme critères pour déterminer si elles se sont rétablies. Toutefois, le rétablissement ne se limite pas à cela. C'est un processus dans lequel l'attitude du client joue un rôle tout aussi important que le plan de traitement. Le rétablissement peut comprendre :

- le développement de la confiance en soi ;
- une attitude optimiste à l'égard de l'avenir ;
- la détermination d'objectifs raisonnables ;
- des changements relatifs au logement, au mode de vie ou à la situation professionnelle.

Un client en voie de rétablissement n'est pas « guéri ». Il peut continuer de manifester des symptômes et d'avoir des problèmes. La rechute (alcoolisme ou toxicomanie, ou problème de santé mentale) est souvent partie intégrante du processus.

Le rétablissement ne se fait pas du jour au lendemain. Il faut s'attendre à recevoir des soins pendant au moins un an dans le cadre de divers programmes et sous diverses formes.

Prévenir la rechute et promouvoir le mieux-être

Les conseils suivants pourraient vous aider à ne pas rechuter et à mener une vie saine.

1. **Renseignez-vous à fond sur votre état.** Posez des questions à votre fournisseur de soins au sujet de vos problèmes et des traitements possibles. Il y a un grand nombre de ressources à votre disposition, notamment :

   - des livres ;
   - des vidéos ;
   - des groupes de soutien ;
   - Internet.

   Comme la qualité des renseignements varie, demandez à votre équipe de traitement de vous recommander des ressources fiables.

2. **Respectez votre plan pour pouvoir gérer les deux types de problèmes.** Par exemple :

   - prenez vos médicaments tels qu'ils vous ont été prescrits ;
   - évitez les situations et les personnes qui pourraient déclencher la consommation d'alcool et de drogues ;
   - participez à des séances de traitement ;
   - prenez soin de vous.

3. **Menez une vie saine.** Mangez sainement, dormez bien et faites de l'exercice. Des séances régulières d'exercice peuvent avoir un effet positif sur l'humeur. Adoptez une routine comprenant des activités auxquelles vous vous livrerez en soirée et pendant les fins de semaine. Faites appel à votre foi, ou à des pratiques de guérison pour favoriser votre rétablissement.

4. **Comme le stress ne peut être entièrement éliminé, apprenez à le gérer.** La plupart des gens utilisent une seule stratégie d'adaptation pour faire face au stress. En collaboration avec votre équipe de traitement, trouvez plusieurs moyens de composer avec le stress quotidien.

5. **Constituez un réseau de soutien formé de membres de votre famille et d'amis.** Un réseau de soutien solide et dynamique pourrait vous être d'un grand secours. Vous pouvez constituer et entretenir ce réseau pour vous protéger des situations stressantes. Vos amis et les membres de votre famille sont à même de reconnaître les symptômes de problèmes de santé mentale et les situations qui déclenchent la consommation d'alcool ou de drogue. De plus, ils pourront vous aider à obtenir de l'aide au besoin.

6. **Soyez à l'affût des signes avant-coureurs de problèmes de santé mentale et des envies de consommer de l'alcool ou de la drogue, et demandez de l'aide au besoin.** Si vous êtes en mesure de repérer les signes d'un épisode de maladie mentale ou une envie de consommer de nouveau de l'alcool ou de la drogue, demandez de l'aide dès l'apparition de ces signes ; vous pourriez ainsi éviter une rechute. Si vous rechutez, vous pourriez, en demandant de l'aide, éviter que votre état ne s'aggrave.

7. **Efforcez-vous de trouver un juste équilibre dans votre vie.** N'oubliez pas de faire preuve de modération. Trouvez un juste équilibre entre :

- le travail ;   - les amis ;
- la famille ;   - les loisirs.

Si votre vie est équilibrée et gratifiante, il vous sera plus facile de composer avec le stress et vous serez moins susceptible de rechuter.

8. **N'oubliez pas ce que vous devez faire pour rester en santé et pourquoi vous devez rester en santé.** Pour ce faire, vous pouvez :

- garder dans votre portefeuille des photos des personnes qui vous sont chères ;
- tenir une liste des aspects positifs de votre vie.

Vous pouvez également garder sur vous une liste d'activités qui favorisent votre rétablissement et de numéros de téléphone que vous pourrez composer en cas de crise.

6 Incidence des troubles concomitants sur la famille

Que se passe-t-il lorsqu'un être cher est aux prises avec des troubles concomitants ?

Lorsqu'une personne a un problème chronique, tous les membres de sa famille sont touchés et doivent composer avec un facteur de stress supplémentaire.

Les familles ont souvent de la difficulté à accepter le fait qu'un proche ait à la fois des problèmes de santé mentale et une toxicomanie. Certaines familles acceptent le diagnostic de santé mentale, mais pas l'alcoolisme ou la toxicomanie. Elles sont portées à croire que ce problème révèle une « mauvaise » attitude. D'autres familles acceptent la toxicomanie, mais ont de la difficulté à accepter le fait qu'un proche ait un problème de santé mentale. Enfin, certaines familles ont de la difficulté à comprendre que les troubles concomitants sont récurrents et qu'il ne s'agit pas d'une maladie qu'on peut guérir.

Les membres de la famille peuvent éprouver :

- de la culpabilité ;
- de la honte ;
- du chagrin ;

- de l'accablement ;
- de l'angoisse ;
- un sentiment de vide.

Ils doivent accepter le fait d'avoir à réexaminer les attentes qu'ils avaient à l'endroit de leur proche.

Cela dit, les familles peuvent jouer un rôle important dans le rétablissement. Si une personne atteinte de troubles concomitants bénéficie du soutien et de la compréhension de sa famille, elle a de meilleures chances de se rétablir de façon durable.

Les membres de la famille doivent apprendre à :

- communiquer de façon efficace ;
- offrir leur soutien lorsque cela est nécessaire ;
- savoir quand prendre leurs distances ;
- prendre soin d'eux-mêmes.

Il est possible que, lors du traitement de leur proche, les membres de la famille se mettent à envisager l'avenir avec optimisme. Peut-être se rendront-ils mieux compte des difficultés auxquelles leur proche fait face et admireront-ils son courage. Lorsque le traitement d'une personne ayant des troubles concomitants se déroule bien, il arrive souvent que les membres de sa famille se sentent gratifiés.

Obtenir un traitement pour un membre de la famille

Il peut être difficile de convaincre un membre de sa famille ou son conjoint qu'il a besoin d'aide. Il se peut que cette personne soit tellement découragée par la situation qu'elle n'arrive pas à comprendre comment un traitement pourrait l'aider. Les personnes aux prises avec des troubles concomitants sont plus susceptibles d'avoir d'autres problèmes de santé, mais il se peut que ces troubles n'aient pas été diagnostiqués. Par conséquent, même si vous croyez deviner la nature du problème, il se peut que votre proche refuse de reconnaître qu'il doit être traité pour des troubles concomitants.

Il est préférable de soutenir votre proche lorsque vous tentez de le convaincre de se faire traiter. La confrontation ne mène à rien. Un des moyens de le soutenir consiste à déterminer à quel changement il s'oppose le moins. Par exemple, s'il mentionne que l'alcool a des effets très négatifs sur son humeur, vous pouvez amorcer une discussion sur la consommation d'alcool et l'amener ainsi à envisager un traitement.

Dès que le membre de votre famille est prêt à suivre un traitement, jouez un rôle actif, par exemple :

• en trouvant des centres de traitement ;
• en prenant rendez-vous pour lui ;
• en l'accompagnant au centre de traitement.

Si votre proche y consent, vous pourrez également fournir au thérapeute des renseignements qui l'aideront à comprendre la situation que vit votre proche.

Les familles doivent prendre soin d'elles-mêmes

Lorsqu'un membre de la famille a un trouble grave, il est normal que les autres membres s'inquiètent et soient stressés. Ils réconfortent ou aident cette personne en plus de faire face aux problèmes habituels de leur vie de famille. Par conséquent :

• les membres de la famille peuvent constater que les soins qu'ils prodiguent à leur proche ont pris la place de leurs activités courantes ;
• comme ils ne savent pas comment d'autres personnes réagiront envers leur proche atteint de troubles concomitants, il est possible qu'ils évitent de recevoir des amis ;
• avec le temps, ils peuvent perdre contact avec leurs amis.

RECONNAÎTRE LES SIGNES DE STRESS

Il importe de reconnaître les signes de stress chez soi. Dans bien des cas, on met du temps à se rendre compte à quel point on est épuisé sur le plan physique et affectif. Le stress peut entraîner :

• des insomnies ;
• un épuisement permanent ;
• une irritabilité constante.

RECONNAÎTRE SES SENTIMENTS

Vos sentiments sont importants. En les acceptant, vous serez mieux en mesure d'aider la personne atteinte de troubles concomitants. Il est possible que :

• vous soyez triste parce que l'être cher a à la fois un problème de santé mentale et une toxicomanie ;

- vous soyez en colère parce que cela est arrivé à un membre de votre famille et vous touche également ;
- vous craigniez ce que l'avenir vous réserve ;
- vous ayez peur parce que vous ne savez pas comment vous vous adapterez à la situation ;
- vous vous sentiez coupable parce que vous croyez avoir causé ce problème ;
- vous éprouviez un profond sentiment d'avoir perdu l'être que vous connaissiez lorsqu'il se comporte d'une façon qui vous est étrangère ;
- vous soyez stressé par les tâches supplémentaires que vous devez accomplir.

PRENDRE SOIN DE SOI

Vous devez prendre soin de votre propre santé physique et mentale. Pour ce faire :

- Déterminez vos limites.
- Prévoyez du temps pour vous. Continuez de vous livrer à des activités en dehors de votre famille, sans la personne atteinte de troubles concomitants.
- Efforcez-vous de constituer un réseau de soutien formé d'amis et de proches sur qui vous pouvez compter.
- Déterminez à qui vous pouvez vous confier. Certaines personnes ont de la difficulté à comprendre les problèmes de santé mentale et la toxicomanie. Faites attention. Confiez-vous uniquement aux personnes qui pourront vous soutenir.
- Songez à obtenir de l'aide même si votre proche ne suit pas de traitement. Si vous comprenez les problèmes qu'a votre proche et leur incidence sur votre vie, il vous sera plus facile de vous adapter à la situation. Vous pouvez vous joindre à un groupe d'entraide ou de soutien familial mis sur pied par une clinique communautaire de santé mentale, un organisme de traitement de la toxicomanie ou un hôpital.

- Reconnaissez et acceptez le fait que vous éprouverez parfois des sentiments négatifs à l'égard de la situation. Ces sentiments sont normaux ; ne vous culpabilisez pas.

Se préparer à une rechute ou à une crise

Dans bien des cas, les membres de la famille évitent de parler à leur proche de la possibilité de rechute ou de crise parce qu'ils craignent que cela ne le perturbe ou ne déclenche une crise. En outre, tout le monde espère que la dernière crise ne se reproduira jamais.

Or, le meilleur moyen de faire face à une crise, voire de l'éviter, est de prévoir ce que l'on fera si elle se produit. Tout en mettant l'accent sur le bien-être du proche, il importe de se préparer à une éventuelle crise ou à une rechute. Cela permet d'apaiser les inquiétudes de la personne malade et de sa famille.

Une fois que votre proche se sent bien, planifiez ce que vous ferez si les problèmes surviennent à nouveau. Posez-lui les questions suivantes :

- Pourriez-vous consulter le médecin avec lui pour parler de son état et de la façon de faire face à une crise éventuelle ?
- Votre proche vous donne-t-il l'autorisation préalable de communiquer avec son médecin ?
- Votre proche vous autorise-t-il à l'hospitaliser s'il fait une crise ? Dans l'affirmative, quel hôpital choisit-il ?
- Si votre proche est malade et ne peut prendre de décision au sujet de son traitement, accepte-t-il que vous preniez cette décision ?

Il serait bon d'avoir sur papier les conditions sur lesquelles vous et votre proche vous êtes entendus pour vous assurer qu'elles seront respectées. Vous pouvez également établir des liens positifs avec un thérapeute et élaborer un plan d'urgence pour éviter une crise.

Conseils pour venir en aide à un membre de la famille

1. **Renseignez-vous le plus possible sur les causes, les signes, les symptômes et le traitement des problèmes de votre proche.** Cela vous aidera à comprendre sa situation et à le soutenir pendant son rétablissement.

   Reconnaissez et acceptez vos sentiments. Il est normal d'éprouver des sentiments contradictoires. En sachant cela, vous pourrez mieux maîtriser vos émotions et soutenir votre proche pendant son rétablissement.

2. **Encouragez votre proche à suivre son plan de traitement.** Incitez-le à assister régulièrement aux séances de traitement. S'il semble que les médicaments n'améliorent pas son état ou s'ils ont des effets secondaires trop prononcés, encouragez votre proche à en parler :

   - au médecin, à l'infirmière, au thérapeute ou à un autre membre de l'équipe de traitement ;
   - à un pharmacien ;
   - à un autre professionnel (autre avis).

   Accompagnez votre proche lors d'une séance de traitement pour faire part de vos observations. Aidez votre proche à éviter les choses qui peuvent l'amener à consommer de l'alcool ou de la drogue.

3. **Apprenez à détecter les signes avant-coureurs d'actes autodes-
structeurs et de suicide.** Soyez sur vos gardes si votre proche :

- éprouve un sentiment croissant de désespoir ;
- est en train de régler ses affaires ;
- tient des propos comme « Quand je ne serai plus là . . . ».

Si votre proche menace de se suicider ou de se faire du mal, prenez-le
au sérieux et demandez de l'aide sur-le-champ. Au besoin, composez
le 911. Aidez votre proche à se rendre compte que les actes autodes-
structeurs et les pensées suicidaires sont un symptôme de sa maladie.
Dites-lui constamment à quel point sa vie vous est précieuse.

4. **Une fois que votre proche se sent bien, déterminez ce que vous
pouvez faire pour éviter les crises.** En collaboration avec votre
proche, faites une liste des mesures que vous prendrez s'il rechute
ou s'il a une autre crise. Déterminez comment vous réagirez dans
les cas suivants :

- votre proche fait de nouveau un usage abusif d'alcool ou
recommence à prendre de la drogue ;
- il a de nouveau des problèmes de santé mentale ;
- il est aux prises avec d'autres problèmes.

5. **N'oubliez pas vos propres besoins :**

- prenez soin de vous-même ;
- maintenez votre propre réseau de soutien ;
- ne vous isolez pas ;
- envisagez de suivre une thérapie ;
- reconnaissez les pressions qui s'exercent sur votre famille à cause
des troubles concomitants ;
- si possible, partagez les responsabilités avec d'autres personnes ;
- ne laissez pas les problèmes envahir votre vie familiale.

6. **Reconnaissez que le rétablissement est un processus lent et graduel.** Sachez que votre proche doit se rétablir à son propre rythme. Vous pouvez l'aider à se remettre d'un épisode ou d'une rechute de la façon suivante :

- n'ayez pas d'attentes irréalistes et ne surprotégez pas votre proche ;
- faites des choses avec votre proche plutôt que pour lui. De cette façon, il reprendra progressivement confiance en lui.

7. **Considérez les troubles concomitants comme une maladie et non pas comme une faiblesse de caractère.** Traitez votre proche de façon normale lorsqu'il sera rétabli tout en restant à l'affût des signes de rechute. Si vous détectez des symptômes précoces, suggérez à votre proche de consulter son prestataire de soins.

7 Expliquer les troubles concomitants aux enfants

Il peut être délicat et difficile d'expliquer un problème de santé mentale ou de toxicomanie aux enfants. Certains parents décident de ne pas en parler parce qu'ils veulent protéger leurs enfants. Ils tentent de maintenir leur routine familiale comme si de rien n'était. Cette stratégie peut fonctionner à court terme, mais à long terme, il se peut que les enfants soient désorientés et qu'ils s'inquiètent du changement de comportement de leur père ou de leur mère.

Les enfants sont sensibles et intuitifs. Ils remarquent rapidement un changement de comportement dans la famille, surtout s'il touche leur père ou leur mère. Si la famille ne parle pas du problème, les enfants tireront leurs propres conclusions qui, dans bien des cas, seront erronées.

Les jeunes enfants, surtout ceux d'âge préscolaire et du niveau élémentaire, croient souvent que le monde tourne autour d'eux. Si quelque chose de négatif se produit, ils pensent qu'ils en sont responsables. Par exemple, un enfant brise accidentellement un objet de valeur. Le lendemain, son père ou sa mère semble déprimé. L'enfant peut alors croire qu'en brisant l'objet, il a causé la dépression de son père ou de sa mère.

Le Centre de toxicomanie et de santé mentale a publié une série de dépliants intitulée *Ce que les enfants veulent savoir*. Ces dépliants ont été conçus pour aider les adultes à parler aux enfants des problèmes de santé mentale et de toxicomanie qui se posent dans leur famille. Ils contiennent les questions courantes que les enfants se posent et suggèrent des façons d'y répondre. On peut s'en procurer des versions en ligne à http://www.camh.net/fr/Publications/CAMH_Publications/ when_parent_pubsindex_fr.html.

Que doit-on révéler aux enfants ?

Les enfants ont besoin d'explications. Fournissez-leur tous les renseignements qu'ils peuvent comprendre.

TOUT-PETITS ET ENFANTS D'ÂGE PRÉSCOLAIRE

Les tout-petits et les enfants d'âge préscolaire comprennent les phrases simples et courtes. Ils ont besoin de renseignements concrets, exempts de jargon technique. Il est préférable de leur donner des explications simples, puis de s'efforcer de rendre leur vie aussi normale que possible. Après avoir expliqué le problème, vous pouvez réconforter l'enfant en vous livrant ensemble à une activité qui lui est agréable.

ENFANTS D'ÂGE SCOLAIRE

Les enfants d'âge scolaire peuvent assimiler davantage d'information que les enfants plus jeunes. Toutefois, il est possible qu'ils ne comprennent pas les détails concernant les médicaments et la thérapie.

ADOLESCENTS

Les adolescents peuvent généralement comprendre la plupart des renseignements qu'on leur fournit. Dans bien des cas, ils ont besoin de parler de leurs pensées et de leurs sentiments. Les adolescents s'inquiètent beaucoup de ce que d'autres personnes, particulièrement leurs camarades, pensent d'eux et de leur famille. Il est possible qu'ils posent des questions sur l'hérédité et qu'ils se demandent ce qu'ils devraient révéler à d'autres personnes. Ils peuvent craindre les préjugés associés aux problèmes de santé mentale et de toxicomanie. En leur communiquant des renseignements, vous les encouragerez à parler.

Ce qu'on peut dire aux enfants

Il est bon d'expliquer trois points principaux aux enfants :

1. **Le parent a un problème qu'on appelle « troubles concomitants ».**
   Le parent se comporte ainsi parce qu'il est malade. Cette maladie peut avoir des symptômes qui causent des changements d'humeur ou de comportement imprévisibles.

2. **L'enfant n'a pas causé le problème.** Il faut rassurer l'enfant et lui dire qu'il n'est pour rien dans l'humeur du parent, que celui-ci soit triste, en colère ou heureux. Il faut lui dire que son comportement n'est pas la cause des émotions ou du comportement du parent. Les enfants voient les choses de façon concrète. Si un parent est triste ou en colère, il est fort possible que l'enfant croie que c'est de sa faute et qu'il se sente coupable.

3. **L'enfant n'a pas la responsabilité de guérir la personne malade.**
   Il faut que l'enfant sache que les adultes de sa famille et d'autres personnes, comme des médecins, tentent d'aider la personne

malade et que c'est à eux que revient la responsabilité de prendre soin de cette personne.

L'enfant a besoin d'être protégé des effets des symptômes de la personne malade par le parent en santé et par d'autres adultes en qui il a confiance. Il est très pénible pour l'enfant de voir son père ou sa mère dans un état de détresse ou de douleur morale. En parlant à quelqu'un qui comprend la situation, l'enfant pourra mieux comprendre les sentiments confus qu'il éprouve.

Hors du foyer

Beaucoup d'enfants ont peur des changements qu'ils constatent chez leur parent atteint de troubles concomitants. Les moments qu'ils passaient auparavant avec cette personne leur manquent. Le fait de se livrer à des activités à l'extérieur de la maison les aide en les exposant à d'autres relations saines. À mesure que le parent se rétablira, il recommencera graduellement à prendre part aux activités familiales. Cela l'aidera à renouer de bonnes relations avec l'enfant.

Le père et la mère devraient discuter avec l'enfant de ce qu'il peut dire aux personnes ne faisant pas partie de sa famille. Le soutien des amis est important. Toutefois, il peut être difficile d'expliquer les troubles concomitants et certaines familles craignent que :

• d'autres personnes ne comprennent pas la situation ;
• d'autres personnes se comportent de façon préjudiciable à l'égard de la personne atteinte de troubles concomitants.

Chaque famille doit déterminer ce qu'elle veut révéler à d'autres personnes.

Pendant la maladie

Les activités quotidiennes des enfants peuvent être bruyantes. Il est possible qu'une personne aux prises avec des troubles concomitants ne puisse tolérer le bruit et le comportement des enfants. Il peut être nécessaire pour les membres de la famille de protéger la personne malade des situations qui pourraient la rendre irritable et brusque envers les enfants. Il faudra peut-être que les enfants aillent jouer à l'extérieur de chez eux ou que le parent se repose une partie de la journée dans une pièce calme de la maison.

Pendant le rétablissement

Une fois rétabli, le parent qui était malade pourra expliquer son comportement aux enfants. Il lui faudra peut-être prévoir des activités spéciales auxquelles il se livrera avec eux. Cela lui permettra de renouer de bonnes relations avec les enfants et leur montrera qu'il est de nouveau disponible et qu'il s'intéresse toujours à eux.

Référence

Reiger, D.A., M.E. Farmer et D.S. Rae. Co-morbidity of mental disorders with alcohol and other drug abuse. Results from the Epidemiological Catchment Area (ECA) study. *Journal of the American Medical Association*; 264, 2511–2518.

Ressources

RENSEIGNEMENTS GÉNÉRAUX SUR LES TROUBLES CONCOMITANTS

Centre de toxicomanie et de santé mentale (CAMH**)**
www.camh.net/fr

Santé Canada
http://www.hc-sc.gc.ca/index-fra.php

Internet Mental Health
www.mentalhealth.com (site en anglais)

Dual Recovery Anonymous
Tél.: 913 991-2703
www.draonline.org (site en anglais)

Substance Abuse and Mental Health Services Administration (SAMHSA **)**
www.samhsa.gov/shin (site en anglais)

RENSEIGNEMENTS GÉNÉRAUX SUR LA SANTÉ MENTALE

CANADA

Association canadienne pour la santé mentale (ACSM)
Tél. : 613 745-7750
www.cmha.ca (appuyer sur le bouton Français)

Commission du consentement et de la capacité (Ontario)
Tél. : 416 327-4142
Sans frais : 1 866 777-7391
www.ccboard.on.ca (site bilingue)

Family Association for Mental Health Everywhere (FAME)
Tél. : 416 207-5032
www.fameforfamilies.com (site en anglais)

ÉTATS-UNIS (ressources en anglais)

National Alliance on Mental Illness (NAMI)
Ligne d'assistance téléphonique : 1 800 950-6264
www.nami.org

National Institute of Mental Health (NIMH)
www.nimh.nih.gov

National Mental Health Information Center, Substance Abuse and Mental Health Services Administration (SAMHSA)
www.mentalhealth.org

INTERNATIONAL

Rethink (Royaume-Uni)
www.rethink.org (site en anglais)

DÉPRESSION

Association des troubles de l'humeur de l'Ontario
Tél. : 416 486-8046
Sans frais : 1 888 486-8236
www.checkupfromtheneckup.ca/fr/

Depression and Bipolar Support Alliance (DBSA)
Sans frais : 1 800 826-3632
www.dbsalliance.org (site en anglais)

ANXIÉTÉ

Association Canadienne des Troubles Anxieux
Tél. : 514 484-0504
Sans frais : 1 888 223-2252
www.anxietycanada.ca (site bilingue)

SCHIZOPHRÉNIE

Société canadienne de la schizophrénie
Tél. : 204 786-1616
Sans frais : 1 800-263-5545
www.schizophrenia.ca (site bilingue)

TROUBLES DE L'ALIMENTATION

National Eating Disorder Information Centre
Tél. : 416 340-4156
Sans frais : 1 866 633-4220
www.nedic.ca (site en anglais)

TROUBLE D'HYPERACTIVITÉ AVEC DÉFICIT DE L'ATTENTION

National Resource Center on ADHD (É.-U.)
Sans frais : 1 800 233-4050
www.help4adhd.org

RENSEIGNEMENTS GÉNÉRAUX SUR LA TOXICOMANIE

CANADA

Al-Anon/Alateen
www.al-anon.alateen.org (appuyer sur Français)

Alcooliques Anonymes du Québec
www.aa-quebec.org

Narcotiques Anonymes du Québec
www.naquebec.org/francais.htm

Double Trouble in Recovery
www.doubletroubleinrecovery.org (site en anglais)

Centre canadien de lutte contre l'alcoolisme et les toxicomanies (CCLAT)
www.ccsa.ca

ÉTATS-UNIS (ressources en anglais)

NIDA (National Institute on Drug Abuse)
www.nida.nih.gov

CSAT (Center for Substance Abuse Treatment, SAMHSA)
http://www.samhsa.gov/about/csat.aspx

CSAP (Center for Substance Abuse Prevention, SAMHSA)
http://www.samhsa.gov/prevention

National Clearinghouse on Alcohol and Drug Information (PrevLine)
www.ncadi.samhsa.gov

PUBLICATIONS OFFERTES EN LIGNE

Meilleures pratiques - Troubles concomitants de santé mentale et d'alcoolisme et de toxicomanie
www.hc-sc.gc.ca/hc-ps/pubs/adp-apd/bp_disorder-mp_concomitants/index-fra.php

Report to Congress on the Prevention and Treatment of Co-occurring Substance Abuse Disorders and Mental Disorders (SAMHSA)
www.samhsa.gov/reports/congress2002/index.html (en anglais)

*Comprendre les médicaments psychotropes (*CAMH*)*
http://www.camh.net/fr/Care_Treatment/Resources_clients_families_friends/psych_meds/index.html

Mental Health Medications (National Institute for Mental Health des É.-U.)
http://www.nimh.nih.gov/health/publications/mental-health-medications (en anglais)

Expert Consensus Guidelines Series: Guides for Patients and Families
www.psychguides.com (en anglais)

Autres guides de la série :

La toxicomanie

Les troubles anxieux

Le trouble bipolaire

La thérapie cognitivo-comportementale

La thérapie de couple

La dépression

Le premier épisode psychotique

Le système ontarien de services psychiatriques médico-légaux

Le trouble obsessionnel-compulsif

La schizophrénie

Les femmes, la violence et le traitement des traumatismes

La psychose chez les femmes

Pour commander ces guides et toute autre publication de CAMH, veuillez communiquer avec les Ventes et distribution :

Tél. : 1 800 661-1111
Toronto : 416 595-6059
Courriel : publications@camh.net
Cyberboutique : http://store.camh.net